Wie kommt der Fisch in die Stäbchen?

Verblüffende Antworten aus dem Alltag

velber

Warum sind unsere Finger verschieden lang?

Unsere Finger sind alle verschieden lang. Der Daumen ist kurz, der Mittelfinger fast immer am längsten. Warum sind nicht alle Finger gleich lang? Vielleicht, damit wir uns beim Tippen auf der Computer-Tastatur nicht so verrenken müssen (denn so reicht der Daumen perfekt bis zur großen „Leer-Taste“)?

Greife dir einen kleinen Ball, zum Beispiel einen Tennisball, und gucke dir jetzt deine Finger von unten an. Jetzt siehst du die Lösung des Rätsels. Verschieden lange Finger sind perfekt zum Greifen von Gegenständen! Wären alle Finger gleich lang, würden sie sich beim Greifen ständig in die Quere kommen.

Wie kommt der Fisch in die Stäbchen?

Die Herstellung der Fischstäbchen beginnt direkt auf den Fangschiffen. Die frisch gefangenen Fische werden von Kopf, Schwanz, Haut und Gräten befreit. Übrig bleiben reine Fischfilets. Diese werden in eine Blockform gelegt und sofort auf Minus 40 Grad tiefgefroren.
Die tiefgefrorenen Fisch-Eisblöcke wandern in die Fabrik. Riesige Maschinen zersägen sie zu Fischstäbchen. Auf einem Fließband kommt die gelb-braune Panierung (eine Mischung aus Mehl, Eiern und Gewürzen) auf die Stäbchen. Danach brutzeln sie kurz in Öl und werden dann verpackt.
Das Ganze geschieht so schnell, dass der Fisch immer noch tiefgefroren im Supermarkt ankommt!

Der frische Fisch wird verarbeitet.

Die Fischblöcke kommen in die Fabrik.

Die Stäbchen werden paniert.

Die Stäbchen werden gebacken.

Warum tut Haareschneiden nicht weh?

Wenn du verstehen willst, wie ein Haar wächst, kannst du dir eine Tulpe vorstellen. Unten in der Erde ist die Zwiebel, daraus wächst der grüne Stängel hervor. Beim Haar ist es ähnlich. In der Kopfhaut steckt die Haarzwiebel, die schiebt das Haar hinaus. Aber jetzt kommt der große Unterschied zur Tulpe. Während bei der Tulpe ein weicher lebendiger Halm herauskommt, ist das Haar hart und verhornt. Sobald die Haarzellen aus der Haarzwiebel herausgucken, sind sie nicht mehr lebendig!

Und deswegen ist es dem Haar ziemlich egal, ob der Frisör diese toten Zellen abschneidet. Du spürst nichts davon!

Übrigens:

Mit unseren Finger- und Fußnägeln ist es genau so. Auch diese bestehen nur aus verhornten – also toten – Bausteinen. Ebenso die Hufe der Pferde. Deswegen kann der Hufschmied dort Nägel einschlagen, ohne dass er das Pferd dabei verletzt!

Warum springt ein Gummiball?

Wenn ein Ball auf den Boden fällt, verformt er sich etwas – es gibt unten eine flache Stelle, eine Delle. Jeder feste Ball möchte aber ganz schnell wieder seine alte Form zurückbekommen, also kugelrund sein. Dabei streckt er sich – und drückt sich so vom Boden zurück nach oben. Er springt!
Die Höhe des Sprungs hängt davon ab, wie stark sich der Ball verformen ließ – und wie viel Kraft dabei aufgewendet wurde. Denn diese Verformungskraft steckt im Ball drin. Und mit dieser Kraft streckt sich der Ball wieder zurück. Selbst ein Ball aus Eisen verformt sich ein bisschen und springt daher ein winziges Stück hoch! Ein Ball aus Gummi dagegen bekommt eine deutliche Delle und springt entsprechend höher.

Übrigens:
Ein nur halb aufgepumpter Fußball bleibt liegen, obwohl er beim Aufkommen auf die Erde fast platt wird. Denn er ist so schlaff, dass es keine Kraft gebraucht hat, ihn zu verformen. Also ist im Ball auch keine Kraft, die ihn wieder rund machen kann.

Warum schäumen Sprudelflaschen über?

Finger auf die Öffnung legen, kräftig schütteln und dann den Finger wegnehmen: Bei Autorennen feiert der Sieger mit übersprudelndem Champagner. Kinder nehmen lieber Limo dazu. Was passiert in der Flasche durch das Schütteln?
In der Flasche ist eine Flüssigkeit, in der das Gas Kohlensäure aufgelöst ist. Das Schütteln bewirkt, dass sich die Kohlensäure aus der Flüssigkeit befreien kann und als Blasen in der Flasche darauf wartet, ganz an die frische Luft zu können. Nach dem Öffnen der Flasche reißen die Gasblasen dann vor lauter Begeisterung die Flüssigkeit mit. Und die Flasche schäumt über.

Übrigens:
Wie kannst du das Überschäumen verhindern? Lass die Flasche einfach eine Weile stehen. Dann lösen sich die Kohlensäureblasen wieder in der Flüssigkeit auf. Oder stell die Flasche in den Kühlschrank – in kalter Flüssigkeit löst sich Kohlensäure am besten. Beim Öffnen der Flasche sind dann keine Blasen in der Warteschlange und reißen auch keine Flüssigkeit mehr mit!

Wie wird Kaugummi gemacht?

Schon seit Jahrtausenden kauen die Menschen auf gummiartigen Dingen herum. Die Schweden kauten früher auf Birkenpech, die alten Griechen auf dem Harz des Mastixbaums und die Mayas in Südamerika kauten auf Chicle, dem eingedickten Rindensaft des Sapotillbaums.
Heute ist die Grundlage von Kaugummi eine Mischung aus verschiedenen Gummisorten, zu denen noch immer Chicle gehört. Weitere mögliche Zutaten lesen sich wie ein Chemiebaukasten: zum Beispiel Guttapercha, Latex, Benzoeharz und Gummi arabicum, Polyvinylacetat, Polyisobutylen, Isopren oder Polyethylen. Dazu kommen Zucker und Maissirup für die Süße und Aromastoffe (zum Beispiel Pfefferminz) für den Geschmack. Weitere Zutaten sind Weichmacher aus pflanzlichen Ölen, damit die Masse nicht hart wird.
Zunächst wird die Gummimasse zerkleinert und geschmolzen. Wenn sie ganz flüssig ist, kommen die anderen Zutaten nach Geheimrezepturen dazu. Das Ergebnis sieht aus wie ein Brotteig. Der Teig wird zwischen Rollen dünn ausgewalzt und in die gewünschte Form, zum Beispiel Streifen, geschnitten. In einem Klimaraum härtet die Masse schließlich aus, bevor sie verpackt wird.

Kann beim Bauchklatscher der Bauch platzen?

Fast jeder hat die Warnung im Kopf: Bei einem Sprung vom Zehnmeterturm im Schwimmbad kann bei einem Bauchklatscher der Bauch platzen. Was ist dran?
Wie schmerzhaft der Aufschlag ist, hängt von der Geschwindigkeit und der Haltung ab. Die richtige Haltung beim Eintauchen bewahrt Turmspringer vor einem schmerzhaften Erlebnis, obwohl sie vom Zehnmeterbrett eine Geschwindigkeit von rund 50 Kilometern in der Stunde erreichen. Zum Vergleich: Beim Einmeterbrett sind es nur 16 Kilometer in der Stunde.
Häufig wird der Aufschlag aus zehn Metern Höhe auf Wasser mit einem Sturz auf Beton verglichen. Doch der Turmspringer taucht problemlos mit einem Kopfsprung ein. Auf Beton würde ihm das nicht bekommen, denn Beton gibt selbst bei perfekter Körperhaltung nicht nach. Eine Bauchklatscherlandung aus zehn Metern Höhe entspricht eher einem Sturz auf Beton aus einem Meter. Das tut bestimmt weh, aber der Bauch platzt dabei sicher nicht.
Also lieber senkrecht rein, denn schmerzhaft ist ein Bauchklatscher aus dieser Höhe auf jeden Fall.

Warum glänzt bei Alufolie nur eine Seite?

Eine Alufolie besteht aus hauchdünnem Aluminium. Hierzu werden Metallplatten aus Aluminium so oft durch Walzen geschickt, bis sie nur noch 0,02 bis 0,04 Millimeter dick sind. Durch die hochpolierten Walzen wird das Aluminiumblatt oben und unten auch hochglänzend. Erst beim letzten Herstellungsschritt entsteht der Unterschied.
Dann werden zwei hauchdünne Aluminiumbahnen übereinandergelegt und laufen sozusagen als Sandwich durch die Walzen. Das spart Zeit. Es führt aber auch dazu, dass nur die Außenseiten des Alu-Sandwichs mit den glatt polierten Walzen in Berührung kommen und dadurch glänzen. Die Innenseiten drücken gegeneinander und werden dabei matt.

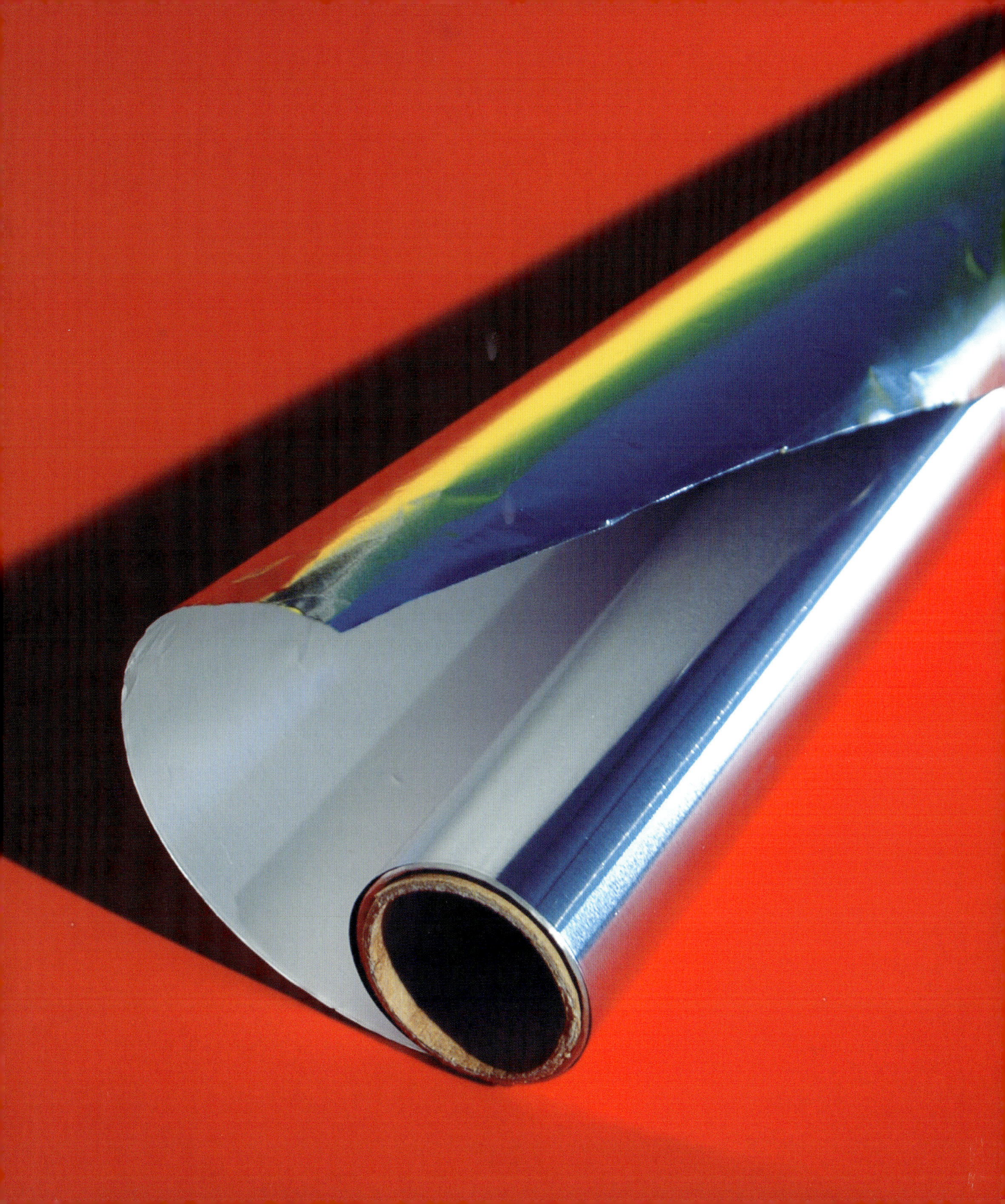

Woher kommt Schluckauf?

Unterhalb der Lunge ist ein kräftiger Muskel, das Zwerchfell. Dieser Muskel zieht sich normalerweise in regelmäßigen Abständen zusammen. Dadurch weitet er unsere Lunge und lässt Luft einströmen. So atmen wir ruhig und gleichmäßig.
Doch manchmal kann dieser Muskel durcheinandergeraten. Zum Beispiel wenn wir uns erschrecken oder beim Essen sprechen oder aus vielen anderen Gründen. Dann zuckt das Zwerchfell plötzlich unregelmäßig. Dadurch wird die Luft im falschen Moment schnell und ruckartig eingesaugt. Damit jetzt nicht zu viel Luft eingesaugt wird, schließt sich eine Schutzklappe oben in der Luftröhre und unterbricht den falschen Luftstrom. Diese Unterbrechung lässt uns zusammenzucken – hicks, der Schluckauf ist da!

Übrigens:
Es dauert ein Weilchen, bis wir einen Schluckauf wieder los sind. Manche Menschen halten die Luft an und zählen dabei bis 50. Ein anderer Trick ist, über Kopf aus einem Glas zu trinken. Du musst dich dabei sehr konzentrieren, damit du nichts verschüttest, und vergisst vor lauter Aufpassen den Schluckauf!

Wie wird der Zucker zu Watte?

Die klebrige Süßigkeit, die auf keinem Jahrmarkt fehlen darf, besteht nur aus einem einzigen Stoff: aus Haushaltszucker, manchmal mit etwas Farbstoff eingefärbt. Wie aber entstehen aus Zucker die langen dünnen Fäden?
In der Mitte der Zuckerwattemaschine ist ein runder Behälter, in den pro Zuckerwatteportion ein Teelöffel Zucker eingefüllt wird. In diesem Behälter sind lauter winzige Löcher. Die Maschine erhitzt den Zucker auf 185 Grad, bis er ganz flüssig ist. Der Behälter dreht sich dann rasend schnell. Dabei wird der flüssige Zucker durch die Löcher in die große Trommel hinausgeschleudert. Sobald der flüssige Zucker austritt, wird er an der Luft fest. Durch die große Geschwindigkeit wird er dabei zu einem langen, ganz dünnen Faden gezogen. Die Fäden sind so dünn, dass sie nicht hart, sondern weich wie Seide sind. Wenn der Verkäufer gegen die Drehrichtung der Trommel ein Holzstäbchen durch diese Fäden zieht, kann er sie aufwickeln. Fertig ist die Zuckerwatte!

Warum kratzen manche Wollpullis – und andere nicht?

Aus jedem Wollpulli stehen Fasern heraus – sonst wäre er ja nicht flauschig, sondern glatt! Bei manchen Wollpullis jedoch stechen diese Fasern richtig in die Haut, und das juckt! Das Kratzen ist also keine Allergie auf bestimmte Wolle. Besonders kratzig ist Wolle von Tieren aus nordischen Ländern, zum Beispiel von deutschen Schafen. Die Haare dieser Tiere müssen schnell wachsen und dick sein, damit sie wärmen. Wollpullis von diesen Tieren haben daher kräftige Fasern, die piksen. Gleichzeitig sind diese Wollpullis aber genau deshalb so angenehm warm. Denn die abstehenden Fasern sorgen für ein warmes Luftpolster. Tieren aus warmen Ländern, zum Beispiel den Merinoschafen in Australien, wächst ganz feines weiches Haar. Bei diesen Pullis legen sich die dünnen abstehenden Härchen leicht um. Sie piksen nicht, aber die Pullis sind auch nicht ganz so warm!

Übrigens:
Vergleichbar ist das mit unseren Haaren. Menschen mit dicken, fast borstigen Locken wird es im Sommer schnell zu warm. Menschen mit feinen dünnen Haaren dagegen frieren im Winter am Kopf.

Warum schläft uns manchmal ein Fuß ein?

Du kennst das bestimmt. Wenn du zu lange in unbequemer Haltung gesessen oder gelegen hast, krabbeln dir scheinbar Tausende von Ameisen durch den Fuß oder einen anderen Körperteil. Was ist passiert?
Zum einen hast du kurz eine oder mehrere Blutbahnen unterbrochen. Das Gewebe in diesem Gebiet bekommt daher nicht genug Sauerstoff. Zum anderen hast du meist auch Nervenbahnen abgeklemmt. Dadurch ist keine „normale" Nachrichtenübermittlung an dein Gehirn mehr möglich. Manche dieser Nerven können ihre Nachrichten nun gar nicht mehr weitergeben. Dein Fuß ist „eingeschlafen". Andere Nerven feuern aber auf einmal völlig unkontrolliert – ihre „Aufpasser" sind ja abgeklemmt. Das ist die Rettung für das „abgeschnittene" Gebiet. Diese Chaos-Nachrichten fühlst du als unangenehmes Prickeln – und bewegst dein Bein. Sofort schießt wieder genug Blut in das „Notgebiet". Aber ein bisschen Zeit braucht es schon, bis alles wieder normal funktioniert. Und so krabbeln die „Ameisen" noch ein paar Minuten weiter.

Warum können Vögel auf der Stromleitung sitzen?

Im Herbst sitzen manchmal Hunderte von Vögeln auf den Stromleitungen. Dabei hat der Strom in diesen Leitungen eine Spannung von 220 000 Volt, 1000 Mal mehr als bei einer Steckdose! Wieso fallen die Vögel nicht wie Brathähnchen von der Leitung? Weil sie nicht „geerdet“ sind. Aber was bedeutet das?
Strom fließt immer in einem Kreislauf. Das heißt entweder zurück in die Steckdose oder zurück in die Erde, denn da kommt er ursprünglich auch her (und dort fließt er auch nach der Steckdose wieder hin)! Vorstellen kannst du dir das wie einen großen Bergsee, dessen Wassermassen über einen langen gewundenen Bach ganz ruhig ins Tal fließen. Dort ist ein Kraftwerk, welches das Wasser wieder nach oben pumpt. Solange ein Vogel nur auf einer Leitung ist, ist das, als wenn er irgendwo in diesem Bach sitzt. Zwar strömt Wasser an ihm vorbei, es reißt ihn aber nicht mit. Stell dir nun vor, der Vogel berührt mit einem Bein den Bergsee, mit dem anderen Bein das Ende des Bachs ganz unten im Tal. Zugegeben, das muss ein sehr großer Vogel sein. Aber stell es dir einfach mal so vor. Das wäre wie das Öffnen einer Schleuse. Plötzlich stürzt der ganze Bergsee den direkten Weg über den Vogel ins Tal. Das war’s dann mit dem Vogel.
Deswegen ist es für einen Vogel nur tödlich, wenn er, während er auf der Leitung sitzt, gleichzeitig einen Stahlmast berührt und sich so „erdet“. Dann geht der Strom die Abkürzung über den Vogel und den Stahlmast direkt in die Erde.

HIGH VOLTAGE

Warum bekommen wir bei Kälte blaue Lippen?

Blut mit viel Sauerstoff ist rot – sauerstoffarmes Blut ist blau. Die Adern auf unseren Händen zum Beispiel sind blau, denn dort fließt sauerstoffarmes Blut.
Unsere Lippen dagegen sind rot, denn das Blut dort enthält viel Sauerstoff. Wenn wir jedoch frieren, kommt im Körper eine Schutzreaktion in Gang. Äußere Körperteile – Finger, Füße, Ohren, Nase, und auch die Lippen – werden weniger durchblutet, denn sie sind nicht lebensnotwendig. Daher ist das Blut in diesen Bereichen sauerstoffarm – und blau.
Dieses sauerstoffarme blaue Blut schimmert durch die dünne Haut der Lippen. Und schon sehen die Lippen blau aus!

Übrigens:
Aus einer Wunde fließt immer rotes Blut. Denn das Blut kommt mit dem Sauerstoff an der Luft in Berührung und wird sofort rot.

Wie kommen die Streifen an den Himmel?

An manchen schönen Tagen malen Flugzeuge weiße Streifen an den Himmel. An anderen Tagen sind keine Streifen zu sehen. Die Streifen entstehen, wenn der Wasserdampf aus den Triebwerken des Flugzeugs zu kleinsten Tröpfchen wird. So wie sich deine Atemluft im Winter beim Ausatmen in feine Nebelwölkchen verwandelt. Allerdings bildet sich bei Flugzeugen bei großer Kälte kein Nebel, sondern der Wasserdampf gefriert sofort zu Eiströpfchen. Wenn die Luft in der Flughöhe des Flugzeugs feucht genug ist, bleiben diese Streifen aus Eistropfen lange zu sehen – Kondensstreifen! Ist die Luft aber zu trocken, verdunstet das Eis und die Streifen verschwinden sofort.

Die Flughöhe – und damit die Temperatur und die dortige Luftfeuchtigkeit – entscheiden also darüber, ob die Streifen länger zu sehen sind oder nicht.

Übrigens:
Manchmal siehst du am Himmel zwei Flugzeuge – aber nur eines davon malt Kondensstreifen. Das liegt an unterschiedlichen Flughöhen. Ein Flugzeug fliegt höher, dort ist es kälter und es können sich die Eiströpfchen bilden!

Warum kitzeln Brausestäbchen auf der Zunge?

Brausestäbchen bestehen aus Puderzucker mit Gelatine – reiner Puderzucker wäre steinhart. Diese winzigen Puderzucker-Kügelchen werden mit Weinsäure und Natron vermischt. Fertig ist feinstes Brausepulver, das nun in verschiedene Formen gepresst werden kann.
Das Geheimnis des Kitzelns liegt in der Mischung aus Weinsäure und Natron (genauer: Natriumdicarbonat). Wenn diese beiden Teile mit dem Wasser aus deiner Spucke zusammenkommen, beginnen sie zu schäumen. Das Platzen dieser Schaumbläschen prickelt wunderbar säuerlich auf der Zunge!

Ein Versuch:
Auch Backpulver enthält viel Natron. Vermische es mit Essig, einer Säure. Dann kannst du das Schäumen genau beobachten.

Wie radiert der Radiergummi?

Um zu verstehen, wie ein Radiergummi radiert, muss du erst wissen, warum ein Bleistift überhaupt schreibt! Ein Bleistift besteht aus Grafit. Beim Schreiben lösen sich winzige Grafitteilchen ab. Sie bleiben am Papier hängen. Nicht wie Klebstoff, sondern eher wie kleine, aber sehr starke Magneten.
So, nun kommt der Radiergummi ins Spiel. Kautschukradierer bestehen aus Kautschuk und Faktis, einer weißgelben Masse, die aus Rübenöl hergestellt wird. Zusammen mit Schwefel und Quarzsand wird diese Mischung erhitzt – Vulkanisieren nennt man das. Dadurch wird die weiche Masse zu einem elastischen festen Stoff.

Wenn der Radierer im Einsatz ist, schabt der Quarzsand darin über das Papier und kratzt die Grafitteilchen weg. Weil die Radiergummimischung stärker „magnetisch" ist als Papier, wandert das Grafit dabei zum Radierer über. Etwas Kautschuk-Faktis-Masse verklebt mit dem Grafit und bleibt als graue Krümel liegen. Und weg ist der Bleistiftstrich!

Übrigens:
Kunststoffradierer funktionieren im Prinzip genauso. Nur dass sie aus weichem Kunststoff bestehen.

Warum haben wir Augenbrauen?

Die Haare über unseren Augen verhindern wohl vor allem, dass uns Schweiß in die Augen läuft – oder Regen, wenn wir ohne Schirm draußen herumlaufen. Wer einmal Schweiß ins Auge bekommen hat, weiß, wie sehr dieses Salzwasser brennen kann! Die gebogene Form der Brauen sorgt dafür, dass die Tropfen genau rechts und links am Auge vorbeirinnen. Gute Erfindung unserer Vorfahren, oder?

Warum sind Eiswürfel in der Mitte trüb?

Der trübe Bereich mitten in einem Eiswürfel besteht aus winzigen Luftblasen. Denn in Wasser ist immer etwas Luft aufgelöst. Zum Glück für die Fische, denn die brauchen diese Luft zum Atmen! Wenn Wasser gefriert, drückt es diese Luft als Luftblasen raus. Zurück bleibt normalerweise klares, durchsichtiges Eis. Aber bei Eiswürfeln ist es so, dass zunächst nur das Wasser außen gefriert – und dabei die Luft weggedrückt. Die Luftblasen steigen aus dem Wasser, das Eis wird außen klar und fest. Nun erst gefriert langsam auch der innere Teil des Eiswürfels. Dadurch bilden sich auch innen im Eiswürfel Luftblasen. Aber diese Blasen können jetzt nicht mehr aus dem Eiswürfel entkommen, da die Ränder des Eiswürfels bereits hart sind. Also bleiben eingeschlossene Luftbläschen zurück. Und innen im Eiswürfel ist es trüb!

Warum schlürfen wir mit dem Strohhalm?

Wer probiert, einen Milchshake mit dem Strohhalm zu trinken, bemerkt: Zum Schluss ertönt immer ein lautes Schlürfgeräusch!
Beim normalen Strohhalm-Trinken befindet sich im Strohhalm – zwischen dem Getränk und dem Mund – nur Flüssigkeit. Lautloses Trinken ist die Folge. Kommst du jedoch an den Grund, saugst du hauptsächlich Luft ein. Dabei bilden sich Luftblasen, die an der Kante des Strohhalms entlangströmen und dabei in Schwingung geraten. Und schon entsteht der Schlürfton. Dabei klingen nicht nur allein die zitternden Luftblasen. Nein, die Luftblasen versetzen auch den gesamten Inhalt des Strohhalms – Flüssigkeit und Luft – in Schwingung und verstärken so das Geräusch.

Macht einmal gemeinsam einen wissenschaftlichen Schlürftest. Vergleicht Schlürfen mit langen Strohhalmen und abgeschnittenen Strohhalmen. Auch klingt der Ton unterschiedlich, je nachdem, ob ihr in großen Gläsern oder kleinen schlürft. Denn die Luft im Glas gerät auch in Schwingung und verändert so den Ton.

Übrigens:
Hast du schon einmal durch Pappröhren getrötet? Große Röhren klingen viel tiefer als kleine. Denn hier gerät mehr Luft ins Schwingen. Deswegen ist der Schlürfton bei einem langen Strohhalm auch tiefer.

Was Kinder wissen wollen

In der Reihe „Was Kinder wissen wollen“
sind bereits folgende Titel erschienen:

Was wäscht der Waschbär?
Verblüffende Antworten
aus der Tierwelt

ISBN 978-3-89858-072-4

Woher kommen Blitz und Donner?
Verblüffende Antworten
über Himmel und Erde

ISBN 978-3-86613-073-9

Warum haben wir zehn Zehen?
Verblüffende Antworten
über den Körper

ISBN 978-3-86613-200-9

Wie kommen die Streifen in die Zahnpasta?
Verblüffende Antworten
aus dem Alltag

ISBN 978-3-86613-201-6

Hatten Dinos Karies?
Verblüffende Antworten
über die Saurier

ISBN 978-3-86613-239-9

Woher weiß der Toast, wann er fertig ist?
Verblüffende Antworten
aus dem Alltag

ISBN 978-3-89858-240-7

Wie viele Höcker hat ein Kamel?
Verblüffende Antworten
aus der Tierwelt

ISBN 978-3-89858-256-8

Wie spült die Klospülung?
Verblüffende Antworten
aus der Technik

ISBN 978-3-89858-257-5

Können Schmetterlinge hören?
Verblüffende Antworten
über kleine Tiere

ISBN 978-3-89858-227-8

Was spuckt ein Vulkan?
Verblüffende Antworten
über Naturgewalten

ISBN 978-3-86613-228-3

Wo ist im Weltalll oben und unten?
Verblüffende Antworten
über den Kosmos

ISBN 978-3-89858-237-7

Warum knallt die Knallerbse?
Verblüffende Antworten
über Pflanzen

ISBN 978-3-89858-238-4

Wie kommt der Ritter in die Rüstung?
Verblüffende Antworten
über das Mittelalter

ISBN 978-3-86613-270-2

Wie macht die Kuh die Milch?
Verblüffende Antworten
über den Bauernhof

ISBN 978-3-89858-269-8

Können Fische rülpsen?
Verblüffende Antworten
über das Meer

ISBN 978-3-86613-282-5

Warum hat ein Bagger Zähne?
Verblüffende Antworten
über Baustellen

ISBN 978-3-86613-283-2

Warum stinkt der Käse?
Verblüffende Antworten
über Essen und Trinken

ISBN 978-3-86613-293-1

Warum tragen Indianer Federn?
Verblüffende Antworten
über Indianer

ISBN 978-3-86613-294-8

Wann ist der Ball im Tor?
Verblüffende Antworten
über Fußball

ISBN 978-3-86613-506-2

Wo beginnt der Regenbogen?
Verblüffende Antworten
über Himmel und Erde

ISBN 978-3-86613-507-9

Wie schnell ist die Feuerwehr?
Verblüffende Antworten
über die Feuerwehr

ISBN 978-3-86613-523-9

Frieren Pinguine an den Füßen?
Verblüffende Antworten
über Eis und Schnee

ISBN 978-3-86613-525-3

Wann darf der Lokführer aufs Klo?
Verblüffende Antworten
über die Bahn

ISBN 978-3-86613-524-6